FC Bayern München-Fan

Ein Fröhliches Fußballbuch für alle,
die zu Deutschlands größter Familie gehören.

Von Günter Klein
mit Zeichnungen von Thomas Plaßmann

TOMUS

ISBN 3-8231-1105-1

3. überarbeitete Auflage

FC BAYERN

Aas, Jan-Einar

Norwegischer Libero des FC Bayern mit 13 Punktspiel-Einsätzen zwischen 1979 und 1981. Führt zumindest die alphabetisch geordnete ewige Liste aller Bundesliga-Fußballer an. In der Hitparade der Kick-Stars mit den griffigsten Nachnamen in München aber nur Zweiter hinter Fritz Kloo vom FC Wacker.

Adidas

Hausschneiderei des FC Bayern, ansässig im fränkischen Herzogenaurach. Liefert das zeitlose Drei-Streifen-Design, das seit Generationen die Bayern-Körper bei der Arbeit kleidet. Beständigster Trend der deutschen Modegeschichte – mit Revival in der Techno-Ära.

Althans

Spottbezeichnung von Max Merkel für den langjährigen Bayern-Torhüter Walter Junghans, der – zugegeben – manche Flanke verpasste und gelegentlich alt aussah, aber dennoch in den 80er Jahren seine Erfolge mit München feierte. Merkels Kommentare waren immer eine Extra-Motivation – wer lässt sich schon gerne von „Mad Max“ veräppeln?

Anpfiff

1. Aufnahme eines Fußballspiels durch das Signal des Schiedsrichters.
2. Zurechtweisung des Fußballers von offizieller Stelle (im Falle des FC Bayern: Präsident Beckenbauer, Vizepräsident Rummenigge, Manager Hoeneß, Trainer Hitzfeld).
3. Titel des Skandalbuchs des Kölner Nationaltorhüters Toni Schumacher, der daraufhin die Bundesliga verlassen und in der Türkei sein Exil nehmen musste. Erlöst wurde er vom FC Bayern, der Jahre später Toni aus Istanbul holte und ihm zur längst fälligen Begnadigung vor den deutschen Fußball-Fans verhalf.

Adidas

Anzing

Anzeigetafel

Wichtiges Kulissen-Utensil für Fotografen bei Heimniederlagen der Bayern. Fotografiert man den Trainer auf der Bank, ist immer die mächtige Tafel mit dem Spielstand im Hintergrund. Klassiker bis heute ist vom 9. Oktober 1976 das Bildnis Dettmar Cramers vor der Leuchtschrift „FC Bayern – Schalke 0:7".

Anzing

Am Ebersberger Forst vor den Toren Münchens gelegenes Örtchen, das bundesweite Bekanntheit durch ein Tier erreichte. Was Bremen die vier Stadtmusikanten und Eschnapur der Tiger, das war Anzing seine Katze. Sprungkräftig, reaktionsschnell, geschmeidig und sicher zupackend – als „Katze von Anzing" wurde der Maier Sepp im deutschen Torwartgewerbe berühmt.

Asgeir

Das isländische Wort, das jeder Bayern-Fan kennt. Heißt übersetzt: „Speer der Götter." Asgeir war der Vorname des Spielmachers Sigurvinsson, der sich während seiner Zeit in München (1981/82) jedoch vornehmlich des Rufnamens „Sigi" erfreute.

Attacke

Von Manager Uli Hoeneß höchstpersönlich geleitete Abteilung, die in Aktion tritt, wenn die Rivalen aus Dortmund, Leverkusen und Berlin als ein bisschen zu freche Herausforderer auftreten. Attacke-Auftritte sind besonders bei Kameraleuten beliebt. Geben die schönsten Bilder.

Atvidaberg

Schwedischer Dorfklub, dem der FC Bayern in der ersten Europapokal-Runde 1973 begegnete. Beim Gegner wirbelte Stürmer Conny Torstensson so herzhaft, dass Bayern-Präsident Wilhelm Neudecker seinen Manager anwies: „Schwan, kaffa'S den mit de roten Schuah." Die Investition lohnte sich: Torstensson wurde später zum „Mister Europacup".

Auge

Sinnesorgan, das Klaus Augenthaler in seiner Zeit als Co-Trainer schon mal zudrückte, wenn es beim Schafkopfen im Trainingslager ein paar Minuten über den Zapfenstreich hinausging.

Auslandsstudium

Ausbildungsabschnitt junger Bayern-Spieler, die zu halb- oder ganzjährigen Praktika in die Dependancen Nürnberg (Sammy Kuffour, Manfred Schwabl), Hamburg (Markus Babbel), Leverkusen (Markus Münch) oder Bielefeld (Berkant Göktan) entsandt werden.

Außenrist

Äußere Flanke des Fußes, deren Gebrauch Zugehörigkeit zur Fußballkaste der Technik-Genies signalisiert. Wurde besonders gerne verwendet von Franz Beckenbauer und Christian Ziege.

Babbelbabbelbabbel

Begeisterter Ausruf des Hörfunkreporters Günther Koch, als Markus Babbel im zweiten Uefa-Cup-Halbfinalspiel 1996 in Barcelona in der 40. Minute das 1:0 für Bayern erzielte.

Bachmair

Perfekt als Nobelhotel mit Beautyfarm getarnte Folterkammer am Tegernsee, wo die Bayern-Spieler Jahr für Jahr im August fremden Sportarten wie Gewichtheben, Querfeldeinlaufen und Wettbewerben in Sit-Ups nachgehen müssen.

Badewanne

Sanitäre Einrichtung, in der sich der kolumbianische Stürmer Adolfo Valencia immer aufhielt, wenn der Deutschlehrer klingelte. So kam es, dass „El Tren“, der Mann mit dem unglaublichen Zug zum Tor, in München leider nur Bahnhof verstand.

Außenrist

Balu
Beliebte Figur aus Rudyard Kiplings „Dschungelbuch“, das von Walt Disney verfilmt wurde. Mit dem voluminösen Zeichentrick-Bären (Motto: „Probier's mal mit Gemütlichkeit“) hatte Torhüter Raimond Aumann in den Übergangsjahren vom Teen zum Twen Körpermaße und die Neigung zum Genießen („...und wenn etwas appetitlich ist, dann nimm es dir...“) gemeinsam.

Barcelona
Sehenswerte katalanische Metropole bis einschließlich des 26. Mai 1999, 22.30 Uhr, und wieder ab dem 26. Mai 1999, 22.33 Uhr. Die Minuten dazwischen: Aus den Geschichtsbüchern bitte löschen!

BAX
Wichtigster Begriff der Wirtschaftssprache im neuen Jahrtausend. Der FC Bayern wird nämlich Aktiengesellschaft und geht an die Börse. Millionen Fans werden zu Anlegern, und statt des Deutschen Aktienindexes wird künftig der Bayerische ermittelt: BAX folgt auf DAX.

Bayer
1. Ureinwohner im Freistaat Bayern. Einbürgerungen nicht möglich.
2. Spieler des FC Bayern. Einbürgerung umgehend.
3. Leverkusener Chemiekonzern, dessen Werksmannschaft im Vergleich mit Bayern mehr als nur ein „n“ fehlt.

Bayern-Fan
Anhänger einer weltweiten und konfessionsübergreifenden Bewegung. Es gibt 1300 offizielle Fanklubs (Voraussetzungen: mindestens 25 Mitglieder, Bekenntnis zu Fair-Play und Gewaltfreiheit), darunter welche in Florida, Japan und Venezuela. Es ist anzunehmen, dass

Bayern-Fan

Betzenberg

andernorts – Iran, Irak, Libyen, Kuba? – bereits FC-Bayern-Geheimlogen bestehen, aber noch im Untergrund operieren. Doch in Afrika, Australien und in Südamerika warten noch viele Fanklubs auf ihre Gründung.

Bettwäsche

Bei Frauen: Bestandteil der Aussteuer. Beliebt: Überzüge mit Sarah-Kay-Motiven.
Bei Männern: Bestandteil der Aussteuer der Ehepartnerin, der sofort in die Lumpensammlung wandert, weil Mann selbst bestens ausgerüstet ist – mit Bettwäsche mit FC-Bayern-Logo.
Auch der aus einer Partnerschaft hervorgehende Nachwuchs wird durch die Wahl der Bettwäsche früh auf die wichtigsten Nebensachen des Lebens eingestimmt.
Berühmtester Bayern-Bettwäsche-Benutzer war der seinerzeit 17-jährige Schalker Olaf Thon, der sich nach dem legendären 6:6-Pokalspiel gegen den FC Bayern outete und einige Jahre später für den Gegenwert mehrerer hunderttausend Bettwäsche-Sets verpflichtet wurde.

Betzenberg

Pfälzisches Mittelgebirge, in dem die Bayern trotz vorangegangenen Höhentrainings am Tegernsee stets in Atemnot gerieten. Es tauchten Symptome auf wie etwa unkoordinierte Bewegungen, vergleichbar denen, wie sie sich bei den Gegnern der bolivianischen Nationalmannschaft bei Spielen im über 4000 m hoch gelegenen La Paz einstellten. So verloren die schwankenden Bayern-Gestalten im Jahre 1974 nach 4:1-Führung noch 4:7. Ja, die Höhenluft!

Bieberer Berg

Hessisches Mittelgebirge. Im Offenbacher Haus überkam die Bayern im August 1974, am ersten Spieltag der neuen Saison, heftige Höhenangst. Mit sechs frisch dekorierten Weltmeistern angetreten, kassierten sie pro Champion ein Tor, verloren 0:6 und lernten die Tabelle mal von der anderen Seite kennen.

Blickpunkt Sport

Montägliche Sportsendung des Bayerischen Fernsehens. Bereits am Studiogast lässt sich das Befinden des FC Bayern ersehen. Kommen Spieler aus der zweiten Reihe (z.B. Sammy Kuffour, Roque Santa Cruz, Alexander Zickler), wird die erfreuliche Entwicklung eines Jungstars gefeiert, der am Wochenende erheblich zum Bayern-Sieg beigetragen hat. Erscheint Oliver Kahn, ist mit sanfter Kritik zu rechnen. Manager Uli Hoeneß' Anwesenheit ist ein Alarmsignal, dann geht es um öffentliche Aufarbeitung der Krise durch die „Abteilung Attacke". Ein „Blickpunkt Sport" mit Giovanni Trapattoni war etwas für Genießer südländischer Gelassenheit und Eleganz und wurde am nächsten Vormittag unter dem Titel „Telekolleg Italienisch" wiederholt.

Blinder

Legendäre Äußerung anlässlich einer ersten Wahrnehmung durch Libero Franz Beckenbauer, als der junge Vilshofener Klaus Augenthaler beim FC Bayern sein erstes Trainingsspiel absolvierte und dabei den Ball versprengen ließ. Später erkannte der Kaiser, dass „Auge" sehr wohl ein Sehender war, holte ihn gegen alle Widerstände nördlich des Weißwurstäquators in seine weltmeisterliche Nationalmannschaft 1990 und machte ihn bei Bayern zum Co-Trainer.

Blitzinterview

Frage-Antwort-Situation zwischen Fernsehreporter und Spieler. Bevorzugte Fragestellungen sind „Woran hat's gelegen?" und „Was war das für ein Gefühl?" Die Antwort wird eingeleitet mit einem „Ja, gut...", wobei als unterstreichende Gestik das Wischen mit dem Handrücken über die verschwitzte Stirn zu wählen ist. Perfektioniert wurde diese Technik von Mario Basler.

Blochin, Oleg

Ukrainischer Stürmer, der so schnell war, dass kein Bayern-Verteidiger ihn zu fassen kriegte und der europäische Super-Cup 1975 deswegen an Dynamo Kiew ging. Das

ALSO JUNGS! NOCHMAL!
WALDEMAR HARTMANN KOMMT PLÖTZLICH AUF EUCH ZU UND FRAGT: "WORAN LAG'S..?"
JA... GUT.....
OPEL
T. PLASSMANN

Brechstange

Geheimnis Blochins ist immer noch nicht gänzlich gelüftet: Man vermutet, dass er 1972 unter dem Pseudonym Valeri Borsow in München schon Sprint-Doppelolympiasieger gewesen war.

Blondie

1. Popgruppe der 70er Jahre um die blonde Sängerin Debbie Harry, seit 1999 wieder vereint.
2. Fußballcombo 1997 um den nach einer Wette erblondeten Thomas Strunz.

Bökelberg

Rheinisches Mittelgebirge zu Mönchengladbach, das ähnliche Symptome auslöst wie der Kaiserslauterer Betzenberg. In den 70er Jahren wurde der Bökelberg auch als Sitz der Hippie-Kommune um Günter Netzer bekannt.

Bomber

Codename für Gerd Müller mit noch immer unklarem Ursprung: Rührt er von der Fähigkeit her, die gegnerischen Abwehrreihen mit seiner Zielsicherheit im Abschluss zu zerstören, oder doch von seiner kompakten Körperform?

Borussia

Bevorzugter Name von Klubs, die es auf Bayern abgesehen haben. Borussia Mönchengladbach und Borussia Dortmund schufen Dynastien, die dem FCB zusetzten. Doch nicht immer garantiert die Bezeichnung Borussia für Erfolg gegen Bayern. Tennis Borussia Berlin konnte es mit den Bayern allenfalls auf dem roten Ascheplatz aufnehmen, Borussia Neunkirchen blieb neben Tasmania und Blau-Weiß Berlin, Rot-Weiß Oberhausen, Fortuna Köln, SV Darmstadt 98 und Alemannia Aachen einer der wenigen Bundesligavereine, gegen die die Bayern nie ein Punktspiel verloren. Für andere Zwerge hatte der FCB immer ein Herz und ließ ihnen wenigstens einmal in der gemeinsamen Bundesliga-Geschichte die Freude, das Lederhosen-Lied anzustimmen.

Bratwurst

Ursprünglich fränkische Spezialität, deren Produktion jedoch inzwischen fest in Bayern-Hand ist – genauso wie der FCB vom Nürnberger Club die Rolle als Deutscher Rekordmeister übernommen hat.
Bayern-Manager Uli Hoeneß betreibt in Nürnberg mit einem Geschäftspartner ein Bratwurst-Imperium (kleiner Ausgleichssport zur Tätigkeit an der Säbener Straße), und Rudolf Houdek, Verwaltungsbeiratsmitglied, wichtiger Sponsor der Bayern und Spezi von Lothar Matthäus, verdient sein Geld ebenfalls dadurch, dass ihm die Bratwurst nicht wurscht ist.

Brechstange

Beliebtes Utensil aller Fußballmannschaften, wird ab der 60. Spielminute oder wahlweise nach 0:3-Rückstand eingesetzt.
Besteht darin, dass sämtliche verfügbaren Offensivkräfte des Kaders gleichzeitig eingesetzt werden (Sergio und Scholl, Salihamidzic und Jancker und Zickler) und – sogar im Falle des traditionell außenbahnenfeindlichen FC Bayern – über die Flügel gespielt und hoch in die Mitte geflankt wird.

Brehme, Andreas

Kumpel von Lothar Matthäus und unvergessener Bayern-Star der Jahre 1986 bis 1988. Leitete die Antwort auf die Reporterfragen am Spielfeldrand nicht mit der Standardfloskel „Ja, gut…“ ein, sondern mit einem hanseatisch-kernigen „Ich sach mal …“

Brasilien

Fußballverrücktes Land, aus dem die Bayern einige Spieler bezogen (Bernardo, Mazinho, Jorginho, Elber, Sergio), doch mehr noch die Inspiration für ihr Auswärts-Outfit. Im „Look de Brasil“ – hellblaue Hose, gelbes Trikot – beendeten sie ihre schwarze Serie auf dem Kaiserslauterer Betzenberg 1984 mit einem 1:0.

Bulle

Däumling

Bulle

Durfte viele Jahre im Mittelfeld des FC Bayern weiden. Dankte es mit wichtigen Toren. 1967 im Finale des Europapokals der Pokalsieger schoss Franz „Bulle“ Roth das Goldene Tor gegen die Glasgow Rangers, 1975 traf er beim 2:0 gegen Leeds United im Endspiel der Landesmeister.

Calmund, Rainer

Nach Uli Hoeneß ist der Leverkusener wichtigster Manager der Bundesliga – und noch vor ihm der gewichtigste.

Champions League

Elitäre europäische Liga, in die man durch sportliche Qualifikation (Meister und Vize automatisch, Bundesliga-Dritter und -Vierter über eine Extrarunde) gelangt. Mittelfristig angestrebt wird überdies ein Startrecht aufgrund langjähriger Zugehörigkeit zum Fußballadel (Bayern München, Real Madrid, AC Mailand).

Däumling

1. Märchenfigur von Hans Christian Andersen.
2. Bewährtes Bayern-Feindbild. Christoph Daum trieb als Kölner Trainer seinen Münchner Kollegen Jupp Heynckes und Manager Hoeneß im Meisterschaftskampf 1989 zur Weißglut und wurde durch eine 1:3-Heimniederlage zum Däumling degradiert. Mittlerweile auf Schmusekurs mit Bayern.

Dementi

Spezielle rhetorische Form der verbindlichen Zusage durch Franz Beckenbauer. „Auf die Bank setze ich mich nicht noch einmal!“, heißt übersetzt: „Gut, wenn kein anderer da ist. Wer soll es sonst machen?“

PARDON, KÖNNTEN SIE MIR WOHL ÜBER DIE STRASSE HELFEN?
ROT ODER BLAU?!!?
T. PLAßMANN

Derby

Derby

Vergleichswettkampf zweier räumlich sich nahe stehender Klubs, der im Vorfeld die Bevölkerung stärker spaltet als vor Bundestagswahlen. Freunde werden zu Fremden, ansonsten geschätzte Arbeitskollegen wie Betriebsspione behandelt. Der Bayern-Fan kennt mehrere Derbys: Das wichtigste ist das Stadtderby gegen den TSV 1860, weil es für das nächste halbe Jahr die Hierarchie zwischen Rot und Blau regelt und die Bundesliga-Tabelle zur Nebensächlichkeit degradiert. Neu ist das Stadt-Vorstadt-Derby mit der SpVgg Unterhaching, der die Bayern wiederum die Daumen drücken, wenn es gegen 1860 geht.

Durchaus bedeutsam ist auch die Auseinandersetzung mit dem 1. FC Nürnberg (bayerisches Derby), dem Vorgänger als Rekordmeister. Außerdem: Ein Oberbayer mag keine Franken, er spricht ihnen das Recht ab, sich überhaupt dem Freistaat Bayern zugehörig zu fühlen. Gelegentlich legt Nürnberg ein Zweitliga-Jahr ein.

Zu nennen wäre dann noch das Süd-Derby gegen den VfB Stuttgart, der einmal pro Jahrzehnt aufmüpfig und Meister wird. Gewissermaßen eine Betriebsmeisterschaft ist es, wenn FC Bayern und Karlsruher SC gegeneinander spielen – FC Bayern 1 gegen FC Bayern-Ausbildungszentrum Baden oder Karlsruher SC-Legionäre gegen Karlsruher SC-Basis.

Detektiv

Beruf, der vom FC Bayern gefördert wird. Zur Rundumbetreuung der (ehemaligen) wichtigsten Stars (z.B. Mario Basler) gehört eben auch, dass nach Einbruch der Dunkelheit auf den Straßen ein unsichtbarer Schutzengel unmerklich über das wertvollste Klub-Gut wacht. Die Zeiten der Aushäusigkeit von Basler und Co. wollte Uli Hoeneß eigentlich gar nicht wissen, aber er musste halt die Stundenabrechnung der Spürnasen abzeichnen.

Doc

Dr. Hans-Wilhelm Müller-Wohlfahrt, Deutschlands Kultarzt Nummer eins, seit die „Schwarzwaldklinik“ nicht mehr läuft und Professor Brinkmann sich in den Ruhestand begeben hat. Begann seine Karriere als Vereinsarzt des FC Bayern, dem er immer noch verbunden ist.

Heilt jedoch auch seine Dortmunder Patienten ganz schnell, damit diese das Meisterschaftsrennen gegen die Münchner ohne jeden größeren Wettbewerbsnachteil verlieren.

Doppelpass

1. Nachweis über den Besitz von zwei Staatsbürgerschaften (z.B. bei Ciriaco Sforza: schweizerische und italienische).
2. Hohe Kunst, den Ball sofort zu dem Spieler weiterzuleiten, von dem man ihn empfangen hat – in Perfektion beherrscht von „Bomber" Gerd Müller mit wechselnden Partnern (Beckenbauer, Breitner, Hoeneß).

Double

1. Fachjargon für Erfolge in Deutscher Meisterschaft und Pokalwettbewerb im gleichen Spieljahr – erlebten die Bayern bislang 1969 und 1986.
2. Ursprünglich aus der Filmbranche stammend: Doppelgänger, der für den Star in gefährlichen Situationen eingesetzt wird. Beim FC Bayern sind jedoch alle Action-Szenen echt – nur Mario Basler ließ sich bei besonders intensiver Laufarbeit gelegentlich von Stuntmännern (Jeremies, Tarnat) vertreten.

Effe

Branchenbezeichnung für Effenberg, Stefan. Bis 1994 Stütze des Nationalteams, nach Fingerzeig im WM-Spiel gegen Südkorea vom DFB-Bannstrahl getroffen, an dessen Erlöschen er kein Interesse mehr hat. Bot während seiner ersten Zeit beim FC Bayern (1990 bis 92) dem damaligen Trainer Jupp Heynckes an, miteinander mal eben „vor die Tür zu gehen". Klar, frische Luft schnappen, was sonst? In einer Kabine mit zwanzig verschwitzten Männern ist es nun mal muffig. München-Rückkehrer 1998, „weil er einer ist, der immer den Ball fordert" (Franz Beckenbauer). Nach Torwart, Libero, Manndecker, Regisseur, Wasserträger, Flügel- und Mittelstürmer eine neue Position im modernen Fußball: der Ballforderer.

Dementi

Egerer, Rudi

Nach den Schumacher-Brothers und Heinz-Harald Frentzen prominentester deutscher Kraftfahrzeuglenker.

Der Münchner Busunternehmer übernimmt den wöchentlich wichtigsten Werttransport der Nation, er chauffiert die Bayern-Kicker zu ihren Spielen. Kein Stau kann ihn stoppen, wozu haben die Autobahnen Standspuren? Im Gegensatz zu Ferrari-Schumi erreicht der Bayern-Rudi auch immer das Ziel.

Eigenheim

Innigster Bayern-Traum. Platz für 80 000 Besucher auf mehreren Etagen, Geschäftsflächen, Tiefgaragenstellplätze, witterungsfestes Dach, Balkone, Loggias, Logen, Galerien – und natürlich nicht zu vergessen: Rasenfläche von 7 700 Quadratmetern.

Einwurf

Mit den Händen ausgeführter indirekter Freistoß zur Wiederaufnahme des Spiels, nachdem der Ball ins Aus gegangen ist. Für den Belgier Jean-Marie Pfaff Szenarium schrecklichster Alpträume. Sein erstes Bundesliga-Tor hatte der Starkeeper der Bayern kassiert, als er einen Einwurf des Bremers Uwe Reinders 1982 ins eigene Tor boxte.

E-Jugend

Häufig verwendeter Begriff von Franz Beckenbauer im samstäglichen Groll zwischen 17.15 und 17.30 Uhr. Gilt der Mannschaft oder – noch öfter – dem Schiedsrichter: „So kannst du gerade noch in der E-Jugend spielen/pfeifen.“ Sehr beliebt war auch die Variante mit der C-Klasse, die jetzt jedoch entfällt, da die unterste Liga in Bayern in „Kreisklasse A“ umbenannt wurde.

Ente

1. Federvieh, das Spaßvogel und Torwart Sepp Maier während eines Spiels gegen den VfL Bochum jagte.

Egerer, Rudi

2. Künstlername des holländischen Flügelstürmers Willi Lippens, der mit Maier folgendes Ding ausgetüftelt hatte: „Du spielst mir beim Abstoß den Ball zu, ich gebe ihn dir zurück." Maiers Misstrauen war dann aber doch größer als die Lust auf den Gag.

Entmüdungsbecken

In der Kabine installierte Riesenbadewanne, die eine gesamte Mannschaft fasst. Schon ein Kurzaufenthalt im warmen Wasser soll die Regeneration nach dem Spiel fördern. Am letzten Spieltag erfolgreicher Bayern-Saisons häufig schon umfunktioniert zum Auffangbecken für Champagnerströme.

Evolution

Natürlicher Fortschritt der Menschheit. Zu ersehen am Beispiel der Familie Nerlinger: Vater Helmut spielte für Dortmund, Sohn Christian wurde bei den Bayern groß. Dass der Junior 1998 dennoch nach Dortmund wechselte, ist Revolution.

Fahne

1. Was der richtige Fan immer schwenkt.
2. Was der richtige Fan nie vor sich her trägt. Ist in München aber auch kaum möglich, denn bei Bayern-Spielen wird nur alkoholfreies Bier ausgeschenkt.

Fan-Shop

Kaufhaus, in dem es alles gibt, was man zum Leben braucht, und wo man sicher sein kann, mit dem Einkauf keine Unrechtsregime zu unterstützen.

FIFA-Präsident

Höchstes im Weltfußball zu vergebendes Amt, das Franz Beckenbauer ganz gewiß nicht, unter keinen Umständen, niemals im Leben besetzen wird, das ist alles völlig ausgeschlossen (siehe auch „Dementi").

Entmüdungsbecken

VIELLEICHT HIER EINEN HAUCH KÜRZER, DORT DAS DECKHAAR LEICHT FLOCKIG..
SCHMARRN!! MACHEN'S MIR DEN JANCKER!!
T. PLAßMANN

Friseur

Fisch

Sammelbezeichnung für in Meeres-, Fluss- und See-Gewässern beheimatetes Getier, das nicht der Gruppe der Säuger zuzurechnen ist. Biologisch interessierte Fans des FC Bayern haben Übereinstimmungen zwischen den Schuppentieren und Fußballern des SV Werder Bremen, die Ausscheidung körpereigener Duftstoffe betreffend, entdeckt und festgehalten: „Was ist grün und stinkt nach Fisch? Werder Breeemen."

Flasche, leer

Schlagwort aus Giovanni Trapattonis Brandrede vom März 1998, mit der der Maestro den Fans der Bundesliga eigentlich nur ein paar neue Textanregungen für die beliebtesten Stadionmelodien geben wollte.

Flipper

1. Fröhlicher Fernseh-Delfin.
2. Elektronik-Spielgerät, bei dem man mit einer Kugel möglichst viele Punkte bringende Kontaktstellen treffen muss.
3. Mannschaftsinterne Bezeichnung für Jürgen Klinsmann, wenn ihm der Vorgang des Stoppens mal nicht ganz so gut gelang. Sprang der Ball aber gleich weiter bis ins Tor, war es schon in Ordnung so.

Freistoß

Eigentlich: Maßnahme, mit dem eine durch Foul- oder Handspiel unterbrochene Partie wieder aufgenommen wird. Tatsächlich: Zeremoniell zum Anzeigen der Hierarchie im Offensivbereich. Die drei wichtigsten Spieler dürfen sich um den zurechtgelegten Ball scharen, ein jeder so tun, als wäre er der sogleich Ausführende. Wichtigste Schützen in der Bayern-Geschichte: Breitner, Brehme, Matthäus, Basler, Tarnat.

Friseur

Neben Physiotherapeut, Zeugwart und Mannschaftsarzt im modernen Fußball einer der wichtigsten Funktionsträger im Umfeld. Kann entscheidend zur Einschüchterung des Gegners beitragen, indem er durch geschickten Haar- (oft Radikal)schnitt die eigenen Spieler bedrohlicher wirken lässt. Topmodelle des FC Bayern waren und sind Christian Ziege und Carsten Jancker. Langhaarträger Alain Sutter scheiterte dagegen – als zu liebenswürdig und friedlich stellte sich sein Look letzten Endes.

FuFu

Ghanaisches Kartoffelgericht, Leibspeise von Verteidiger Sammy Kuffour. Noch drei Deutsche Meisterschaften – und in ganz München, vom Donisl bis zum Käfer, kommt FuFu auf die Karte. Natürlich auch in der reichlich bemessenen Familienportion: FuFu vuivui.

Geheimtraining

Ursprünglich eingeführt mit Rücksicht auf die SpVgg Unterhaching – der Zuschauerschnitt bei den Übungseinheiten der Bayern sollte nicht höher sein als der des benachbarten Zweitligisten bei seinen Punktspielen. Nach dem Hachinger Bundesligaaufstieg wurde das Geheimtraining trotzdem einmal die Woche beibehalten: Dann werden Freistöße und Eckbälle einstudiert, und Bixente Lizarazu testet an Lothar Matthäus die neuesten Nahkampfangriffsvarianten.

Giraffe

Afrikanisches Steppentier, bei dessen Erschaffung die Natur den späteren lautstarken, grazilen, langhalsigen Bayern-Mittelfeldläufer Didi Hamann voraussah.

Golf

Unter Präsidenten, Managern, Trainern und Spielern aus dem Fußball-Business äußerst beliebter Ausgleichssport. Thomas Berthold war so gut, dass er in der Saison 1992/93 gar Rang zwei der deutschen Golfrangliste gleich hinter Profi Bernhard Langer belegte.

Giraffe

Hai, weißer

haben

Ursprünglich: Hilfsverb, das zur Perfekt-Konjugation transitiver Verben verwendet wird („Ich habe gearbeitet“). Auch: Besitzanzeigend („Ich habe einen Computer“). Neuzeitliche Bedeutung (seit März 1998 – Aufnahme in nächster Auflage des Grammatik-Dudens): In emotionaler Rede kann es das Wort „sein“ und seine Formen ersetzen, z.B. „Ich bin fertig“ wird zu „Ich habe fertig“.

Davon abgeleitete Formen wie „Ich habe traurig“ sind bereits in den Sprachgebrauch eingegangen. Und „Ich habe fertig“ ist inzwischen klassischer Schluss-Satz von Referaten und Aufsätzen an Schule und Universität.

Haferlschuhe

Bestandteil der bayerischen Ausgehuniform, auf dem Fußballplatz aber nicht zugelassen – sonst wären Mario Baslers Freistöße noch härter und immer unhaltbar gewesen.

Hai, weißer

1. Meeresungetüm, das Hollywood-Regisseur Steven Spielberg an den schönsten Strandstrichen Angst und Schrecken verbreiten ließ.
2. Calle del Haye, den Bayern-Trainer Pal Csernai das Revier am rechten Kreidestrich des Spielfeldes beherrschen ließ.

Handy

Klingelkästchen, das den Gürtel jedes modernen Profis schmückt und ihm bei den wichtigen Tätigkeiten des Tages (Autofahren, Essen gehen) erlaubt, Kontakt mit Werbe- und privaten Partnern zu halten. Noch kleinere und dennoch robuste Geräte für die leichte Handhabung während Spiel und Training sind in Vorbereitung. Aber hier sollte der DFB strenge Verbote aufstellen.

Hartmann, Waldemar

Beliebter schnauzbärtiger Sportmoderator des Bayerischen Rundfunks, der durch eine

Hollywood

WAS SOLL DENN DER FUSSBALL DA ?!!!
SÄBENER STRASSE
REGIE
TV
FC HOLLYWOOD DIE 95 1
T. PLASSMANN

Einladung zur Weihnachtsfeier des FC Bayern von langjährigem Irrglauben (1.FC Nürnberg als Guru) erlöst wurde.

Herberger, Sepp

Weltmeister-Trainer von 1954 und Fußball-Weiser, dessen Thesen heute aber nicht mehr alle Bestand haben. Sein Spruch „Ein Spiel dauert 90 Minuten“ wurde von Bayern-Mittelfeldstar Mario Basler außer Kraft gesetzt: „60 Minuten tun es auch.“

Hertha

Altehrwürdige Berliner Dame, der man ausgeprägte Launenhaftigkeit nachsagt. Als sie in einem zweitklassigen Etablissement in Vergessenheit zu geraten drohte, gewährte die bayerische Dame Bavaria großzügige Unterstützung, veranstaltete Präsentationen und Benefizspiele zu Gunsten der notleidenden Hertha, die daraufhin in altem Glanz erstrahlte. Ein Beispiel für praktizierte Nächstenliebe. Oder für Hauptstadthilfe, die man sich leisten kann – als Weltstadt mit Herz.

Hollywood

Weltberühmter Stadtteil des Molochs Los Angeles, Sitz der US-Filmindustrie. In Verbindung mit dem Präfix „FC“ auch Bezeichnung für die Bayern an besonders bewegten Tagen mit hoher Kamerapräsenz auf dem Studiogelände an der Säbener Straße, dem Schauplatz dramatischer zwischenmenschlicher Ereignisse. Und mit diesen können nicht einmal die Amerikaner Schritt halten.

Homepage

Eigene Seite im Internet. Olli Kahn war der erste deutsche Fußballprofi, der so etwas hatte. Übrigens: Wo findet man denn die Homepage von Jens Lehmann?

Hosenboden

Position, von der aus Gerd Müller sich in der Fußball-Saison 1976/77 unvergänglichen

Ruhm schuf. Er hatte schon immer aus allen Lagen, mit beiden Beinen, Knien, Oberschenkeln, der Brust, dem Rücken, dem Kopf Tore geschossen, beim 9:0 Heimsieg gegen Tennis Borussia Berlin traf er sogar im gemütlichen Sitzen.

Jahreskarte

Für die ganze Saison gültiges Ticket, bei ausverkauften Schlagerspielen so wertvoll und begehrt wie ein Collier aus Diamanten, ein Schweißtuch von Elvis, eine Berührung von Michael Jackson. Man lässt schon juristisch prüfen, ob das Jahreskarten-Kaufrecht an die nächste Generation vererbt werden kann.

Johannes Paul II.

Oberhaupt der römisch-katholischen Kirche, Papst, von dem der FC Schalke 04 vorgibt, man habe ihn als Ehrenmitglied gewonnen. Praktiken zur Mitgliederwerbung, die der FC Bayern gar nicht nötig hat. Schon über 70 000 haben sich zum Bayern-Bekenntnis entschlossen.

Kaiser Franz

Spieler, Teamchef, Technischer Direktor, Vizepräsident, Präsident, Mercedes-Fahrer, Mitsubishi-Fahrer, Filmdarsteller, Sänger, Fernsehkommentator, Hörfunkmoderator, Zeitungskolumnist, Champions League-Analyst, WM-Botschafter, Benefiz-Golfer, Schirmherr, Warsteiner-Repräsentant, Handy-Man, Weltmann und irgendwann FIFA-Boss.

Kaiser, Roland

Deutscher Schlagerstar, der mal eine Weihnachtsfeier des FC Bayern umrahmte, was der damalige Präsident Professor Fritz Scherer folgendermaßen kommentierte: „Sie sehen, wir Bayern haben einen einfachen Geschmack. Einfach immer nur das Beste."

Kaiser Franz

OCH GEHT SCHON WIEDER !!!
MÜLLER-WOHLFAHRT
WIE SCHAFFT DER DAS BLOSS ...?
T. PLAßMANN

Kälberblut

Kaiserschmarrn

1. Bayerische Mehlspeise, bestehend aus zerstochenem Pfannkuchen, der gezuckert und mit Obstkompott serviert wird.
2. Medienjargon für Äußerungen von Franz Beckenbauer am Samstag zwischen 16.15 und 16.30 Uhr (Halbzeitpause) sowie 17.15 und 17.30 Uhr (erstes Statement nach dem Spiel).

Kälberblut

Wundertinktur von Bayern-Doc Hans-Wilhelm Müller-Wohlfahrt, die lahmende Spieler wieder zum Laufen bringt. In der Heilwirkung mit Weißbier durchaus gleichzusetzen.

Kalle

Kurzform von Karl-Heinz. Begriff „der Kalle“ ist auf Ewigkeit reserviert für Karl-Heinz Rummenigge, erst Torjäger und später Vizepräsident. Vergleichbare Fälle in der deutschen Sprachgeschichte sind lediglich: „Der Rudi“ (Völler), „der Franz“ (Beckenbauer), „der Uwe“ (Seeler), „der Toni“ (Schumacher), „der Udo“ (Lattek).

Kartoffeln

1. Auch Erdäpfel genannt, wichtiges Grundnahrungsmittel.
2. Volkstümliche Bezeichnung für Glück („Die dümmsten Bauern haben die größten Kartoffeln“).
3. Einer von 1100 Artikeln aus dem Fan-Sortiment der Marke FC Bayern – aus garantiert bayerisch-kontrolliertem Anbau. Nicht die größten Kartoffeln, aber die besten.

Katsche

Künstlername des redlichen Handwerkers Hans-Georg Schwarzenbeck, der verlässlich den Putzer des kaiserlichen Liberos gab. Meist unterschätzt wurde seine Offensivstärke. Seinen wichtigsten Ausflug startete er in der letzten Minute der Verlängerung des Europacup-Finales 1974. Katsches 30-m-Geschoss bedeutete das 1:1 gegen Atletico Madrid.

Das Wiederholungsspiel zwei Tage später – wiederum in Brüssel – gewannen die Bayern 4:0. Katsche durfte hinten bleiben.

Kegeln

Gesellige Sportart, in der es Mehmet Scholl in seinen jungen Karlsruher Jahren immerhin zum Titel des Badischen Jugendmeisters brachte und sich das Riesenrepertoire an Witzen und Sprüchen aneignete, mit dem er seit 1992 seine Teamkollegen beim FC Bayern unterhält. Ein weiterer, im Rückblick nicht zu unterschätzender Vorteil des Kegelns lag für ihn darin, dass man während seiner 100 Schübe – 50 in die Vollen, 50 auf Abräumen – nicht ausgewechselt werden konnte. Aber hätten Deutschlands Teenies den Nationalkegler Scholl so beachtet wie den Fußball-Darling Mehmet?

Kellerbar

Wichtiger Raum im Hause von Thomas Strunz: Die Kellerbar war Ort der großen Aussprache von 1997, Grundstein zur Meisterschaft, und folgte auf Klaus Augenthalers Bierkeller, in dem die zwischenmenschlichen Konflikte der 80er Jahre gelöst worden waren.

Kitzbühel

Österreichischer Alpenort, Kaiser-Residenz, an deren stets gut aufgeräumtem Schreibtisch Kolumnen („Schülermannschaft“) und Visionen („Aktiengesellschaft“, „neues Stadion“) entstehen, die auch in der Kommando-Zentrale in München mit Spannung erwartet und bisweilen mit Überraschung quittiert werden.

Klötzchenschieber

Höchstkaiserliches Urteil des Präsidenten über eine der vielen Unterabteilungen des Mehrspartenklubs FC Bayern, die Schachspieler, die sich nur als etatbelastend erwiesen und zu geringe Merchandisingumsätze erzielten (selbst schuld, da sie sich weigerten, König, Dame, Türmen, Läufern, Springern und Bauern Trikots mit Rückennummern und Namensaufdruck überzuziehen).

SUPER MEHMET! ICH SAG' DOCH: LASS DIE FINGER VOM FUSSBALL!
T. PLAßM

Kobra

Südamerikanische Schlangenart, die in ihrer Giftigkeit, List und Aggressivität nur noch vom deutschen und zwischenzeitlich sogar in Bayern (1987 bis 1989) vorgekommenen Exemplar Jürgen Wegmann übertroffen wurde.

Konter

Temporeicher Gegenstoß. Die berühmtesten Konter der Fußball-Geschichte lief Uli Hoeneß am 7. November 1973 in Dresden zum 1:0 und 2:0 (10. und 12. Minute) aus Bayern-Sicht im deutsch-deutschen Europacup-Duell.
Von seiner einstmalig einmaligen Grundschnelligkeit träumt der heutige FCB-Manager immer noch und bietet Mitgliedern des Mannschaftsbetreuungsstabs gelegentlich noch Wettrennen über Kurzdistanzen an.

Kreditkarte

Zahlungsmittel, das natürlich auch zum Fansortiment des FCB gehört. Bezahlen Sie einfach mit dem guten Namen des FC Bayern. Übrigens: Eine eigene Bank haben die Bayern nicht. Noch nicht.

Krise

Schlagwort der Münchner Medien. Die Krise gilt als gegeben, wenn einer der folgenden Fälle beim FC Bayern eingetreten ist:

1. Tabellenführung mit weniger als drei Punkten Vorsprung.
2. Plazierungen 2 und schlechter.
3. Siege mit weniger Toren Differenz, als Tabellenplätze zwischen FCB und Gegner liegen.
4. Siege, bei denen der Gegner gleich viele Torschüsse hatte.
5. Siege, bei denen vom Auswechselkontingent Gebrauch gemacht werden musste.
6. Siege, nach denen die elf Spieler nicht Arm in Arm das Feld verlassen.
7. Niederlagen.

Konter

PASS AUF!! GLEICH KOMMT'S WIEDER!
?
NA, JEMAND BOCK AUF 'NEN SIEBZEHN-METER-SPURT ?!
T. PLAßMANN

Krise

Kronjuwelen

Im Tower von London sorgsam bewachte Schmuckstücke der englischen Königsfamilie – aber nicht zu vergleichen mit dem Trophäenraum des FC Bayern in der Zentrale an der Säbener Straße in München. In einen Europacup der Meister passen locker zehn Kronen.

Krösus

Neidwort der Konkurrenten, wann immer sie einen Rückstand gegenüber dem FC Bayern erklären müssen.

Krug

1. Trinkgefäß, dem die Sportpokale der Neuzeit (Freudenbecher) nachempfunden wurden, von denen der FC Bayern gar nicht genug haben kann.
2. Vorname Hellmuth, hoch dekorierter Gelsenkirchener FIFA-Referee, von dem der FC Bayern sehr wohl genug hat und den er so schnell nicht wieder sehen will.

Kuhn, Dieter Thomas

Schlagerparodist in Schlaghosen, der alle deutschsprachigen Ohrwürmer von Bata Illic bis Udo Jürgens nachträllert und in den Szeneclubs und Charts gewaltig abräumt. Vor vier Titeln ist jedoch auch er bislang zurückgeschreckt: „Gute Freunde kann niemand trennen" und „1:0 für deine Liebe" von Franz B. (1966) sowie „Dann macht es bumm" und „Das gibt ein Schützenfest" von Gerd M. (1968). Lieder, die die Neue Deutsche Welle gut ein Jahrzehnt später erst möglich machten. Die Frage nun: Wann kommt die Techno- und Rap-Version von „Gute Freunde..."?

Kunstwadl, Adi

Bayern-Spieler der ersten Bundesliga-Saison 1965/66 mit leider nur zwei Einsätzen – und das bei diesem herrlichen Namen. Auch seinen Nachfolgern Beierlorzer, Bayerschmidt und Schwabl verhalf die sichtbar bayerische Herkunft nicht zu einem dauerhaften Stammplatz.

Lederhose

Labbadia, Bruno

An allen seinen Wirkungsstätten populärer Hesse mit italienischem Blut und Temperament, der Tore fast so inbrünstig feiern konnte wie Jürgen Klinsmann. Wurde von den Bayern 1991 jedoch auch deswegen gekauft, damit er mit Kaiserslautern keinen weiteren Unfug (Deutsche Meisterschaft) anstellen konnte.

Lederhose

Bayerische Tracht, die die badischen, brasilianischen, pfälzischen, nordrhein-westfälischen, ghanaischen, schwedischen und paraguyanischen Spieler gerne mal anlegen, damit die gegnerischen Fans was anderes zu singen haben als immer nur „FC Bayern – forever number one".

Leichtathletik

Sportart, die nur alle paar Jahrzehnte im Olympiastadion ausgetragen wird, aber jedes zweite Wochenende die Stimmung dortselbst trübt, weil Laufbahnen und Sprunganlagen Mannschaft und Volk trennen. „Leichtathletikstadion" ist denn auch ein häufig gebrauchtes Schimpfwort für die Heimspielstätte des FC Bayern.

Lemke, Willi

Ehemaliger KGB-Agent (geoutet 1994), der den SV Werder Bremen zum Dauerrivalen des FC Bayern aufbaute. Bemühte sich, populärster Bundesliga-Manager zu werden, und absolvierte 1993 gar den New York Marathon – wäre Uli Hoeneß auf Kurzstrecken aber hoffnungslos unterlegen. 1999 Kapitulation mit Wechsel in die Politik (Bildungssenator in Bremen).

Lerby, Sören

1. Mittelfeld-Dauerläufer, Konditionswunder, Bayern-Spieler mit dem längsten Atem.
2. Bayern-Trainer mit dem kürzesten Atem. Erlebte vom 9. Oktober 1991 bis 10. März 1992 sein blaues Wunder.

LINKSAUSSEN!!! BEI DEN BAYERN!!
GEBEN SIE MIR SOFORT DIE
SÄBENER STRASSE !!
T. Plaßm

Linksaußen

Libero
Spieltaktische Erfindung der ausklingenden 60er Jahre, die sich Franz Beckenbauer patentieren ließ. Sein Libero war Abwehrchef, Regisseur, Dirigent, Koordinator, leichtfüßiger Antreiber und musste überdies die Kunst beherrschen, nach Gegentreffern mit dem Zeigefinger die Schuld zuzuweisen.
Die Rolle des Libero wurde schließlich auch in einem epochalen deutschen Film gleichen Namens festgehalten, der seit seiner Kinoausstrahlung noch einmal auf SAT.1 im Nachmittagsprogramm gezeigt wurde.

Linksaußen
Position im Bayern-System, die nach der Ära Mucki Brenninger und dem Scheitern des teuren Nachfolgers Bernd Gersdorff abgeschafft wurde.
Landesvater Franz-Josef Strauß war ohnehin gegen jeglichen Linksdrall in seinem Staate, bald spielte man 4-4-2 statt 4-3-3, und sogar Paul Breitner rückte mit den Jahren in die Mitte.

Lolita
1. Roman von Nabokov.
2. Zweite Ehefrau von Lothar Matthäus und TV-Moderatorin („Babys Bester").
3. Spitzname, den Mario Basler Lothar Matthäus verpasste.

Lorant, Gyula
Bayern-Coach von 1977 bis 1979 – und lange vor Löwe Werner L. – der erste beinharte Mann namens Lorant, der in München wirkte.

Löwe
Raubtier, für das es in München einen geeigneteren Aufenthaltsort gäbe als das Olympiastadion: Zoo Hellabrunn mit seinem herrlichen Wildkatzengehege und garantiert ausbruchsicher.

Mac

1. Kurzform für das Apple-Computern eigene Betriebssystem „Macintosh“, dem großen Gegner von „Windows“ aus dem Hause „Microsoft“ („Mic“).
2. Kosename für Alan McInally, schottischer Bayern-Stürmer, der zu „Mic“ (dem jugoslawischen Kollegen Radmilo Mihajlovic) durchaus kompatibel war.

Madjer, Rabah

Algerisches Fußballschreckgespenst. Düpierte 1982 die deutsche Nationalmannschaft beim WM-Auftaktspiel (1:0 für den nordafrikanischen Zwerg), brachte die Münchner 1987 in Wien um den Europacup (2:1 für den FC Porto) und tauchte ein Jahr später trotz Vertrages und der bereits erfolgten Übergabe bayerischer Tracht und eines „Freistaat Bayern“-Schildes nie in München auf.

Mao

Chinesischer Revolutionsführer, dessen Abbildung als Poster einst in Paul Breitners Wohnzimmer hing, weswegen auch der Paule als Rebell galt. Mit den Jahren wandte er sich dann doch mehr dem Kapitalismus zu, handelte mit edlen Weinen und half Profis bei der Anlageberatung.
1982 wurde aus Breitners rebellischem Voll- schließlich auch noch ein gepflegter Schnurrbart. Die Rasur sponserte Duftwasserhersteller „Pitralon“. Ciao, Mao.

Marienplatz

Zielpunkt der Autokorsos des FC Bayern, Festplatz für Meisterschafts- und Europacup-Feiern. Dient an den restlichen 364 Tagen des Jahres auch als Sitz der Stadtregierung und Touristentreffpunkt.

Maulwurf

Ursprünglich: Nagetier, das sich in Gängen unterhalb der Erdoberfläche fortbewegt und sich durch den Bau von Hügeln der Außenwelt bemerkbar macht.

Maulwurf

Im Kalten Krieg der 70er und 80er Jahre Synonym für einen der feindlichen Seite zuarbeitenden Geheimagenten. Sein Revival erlebte der nach Entspannung der Ost-West-Beziehungen in Vergessenheit geratene Maulwurf im Frühjahr 1997, da soll er sich doch in die Kabine des FC Bayern München eingeschlichen und der Gegenseite (Presse) einige Interna zugetragen haben. Das geheimnisvollste Wesen seit dem Ungeheuer von Loch Ness – und in der Bayern-Chefetage wesentlich gefürchteter als der im Raum München weit verbreitete Löwe.

Maximilian's

Münchner Nobel- und In-Disco, die von Bayern-Spielern gemieden, aber von deren Doppelgängern häufig frequentiert wird.

Medienlandschaft

Wird noch weit vor Dortmund, Stuttgart oder Leverkusen als gefährlichster Gegner des FC Bayern angesehen. Fünf Münchner Tageszeitungen, drei Nachrichtenagenturen, drei überregionale Fachzeitschriften, zehn Fernseh- und sieben Hörfunksender beäugen regelmäßig das Training, zu den Spielen sagen sich auch ausländische Berichterstatter an. Freilich könnte es noch viel aufgeregter zugehen, wenn der „Kaiser“ nicht eine Bürgerliche aus dem Sekretariat der DFB-Zentrale geehelicht, sondern in ein europäisches Herrscherhaus eingeheiratet hätte.
Dann kämen auch noch „Heim und Welt“, „Das Goldene Blatt“ und die versammelte Yellow Press regelmäßig an der Säbener Straße vorbei.

mentalmäßig

Wortschöpfung von Stürmer Jürgen Wegmann, der sogar zum Liebling des Feuilletons avancierte und von den Fans als Fußball-Weiser gefeiert wurde, weil er nie um gute Sinnsprüche (wie z.B. „Wir hatten schon kein Glück, und dann kam auch noch Pech dazu“) verlegen war.

Medienlandschaft

Merchandising

Besonders hohe, in München perfektionierte Verkaufskunst, die dem Anhänger suggeriert, durch den Kauf von Bettwäsche, Handtüchern, Lederjacken, Schuhen und Milchtüten mit Klublogo sein fußballerisches Glaubensbekenntnis zu untermauern.

Midas

Gestalt der antiken Mythologie. Was Midas berührte, wurde zu Gold. Jahrtausende später wiedergeboren als Fußballtrainer Udo Lattek, Meister mit den Bayern 1972, 73, 74, 85, 86, 87, DFB-Pokalsieger 1984 und 86, Europacup-Gewinner 1974.
Leider mehrte er allerdings zwischenzeitlich auch beim Erzrivalen Mönchengladbach die Goldreserven.

Mister

Angelsächsische Anrede für „Herr", üblicherweise von Engländern oder Amerikanern verwendet. Hier Sonderfall: Respektvolle Bezeichnung bayerischer Fußballer gegenüber einem italienischen Trainer, sofern dessen Anzahl gesammelter Titel dem Durchschnittsalter der Mannschaft in Jahren nahe kommt.

Mittellinie

Teilt das Fußballfeld in zwei Hälften und war für Klaus Augenthaler immer das Signal: Ab hier macht es Sinn zu schießen; für Uli Stein, einstigen Torhüter der Frankfurter Eintracht, gelegentlich unhaltbar.

Mönchengladbach

Stall der Borussia-Fohlen, die während der 70er Jahre vom FC Bayern als Gegenspieler geduldet wurden, um in der Bundesliga ein wenig Spannung zu erhalten. Die Anhängerschaft der Mönchengladbacher setzte sich aus Alt-68ern, Apo-Anhängern und Langhaarträgern (Günter-Netzer-Fans) zusammen, während der FC Bayern die bürgerliche Mitte und das Establishment bediente.

Lolita

LODDAR! LODDAR HEISS ICH! NICHT LOLIDA!!
ICH SPRECH NOCHMAL MIT MARIO!
adidas
adidas
OPEL
EL
T. PLAßM

Münchengladbach

Münchengladbach

Weit verbreitete falsche Aussprache und Schreibweise von Mönchengladbach – so dominierend war die Fußballstadt München, auch wenn die Bayern gelegentlich Zweiter wurden, hinter Borussia München ... pardon Mönchengladbach.

Napoleon

1. Französischer Feldherr des ausklingenden 18. und beginnenden 19. Jahrhunderts, der nach seinem Waterloo auf der Insel Elba landete.
2. Bayern-Trainer Dettmar Cramer, der sich zum Amtsantritt im Januar 1975 vor dem weiten Rund des Olympiastadions gleich mal im historischen Kostüm – stilgerecht die rechte Hand in den Generalsmantel gesteckt – fotografieren ließ. Seine persönliche Insel Elba hatte er dann im Dezember 1977 erreicht.

New York

Angeblich: Weltstadt.
Tatsächlich: Austragsstüberl für Münchner Liberos. Für Franz Beckenbauer (Cosmos New York, Wechsel 1977), für Lothar Matthäus (New York MetroStars, ab 2000).

Olympiaberg

Letzte Zufluchtsstätte für alle Bayern-Fans, die keine der 63 000 Eintrittskarten für ein wichtiges Heimspiel ergattert haben. Von der Erhebung (564 m über Meereshöhe) im Olympiapark kann man immerhin eine Anzeigetafel (mit Angabe des Spielstandes und Eckballverhältnisses), die Trainerbänke und einen Streifen vom Spielfeld sehen. Nicht ganz mittendrin und doch dabei – ein Bayern-Spiel vor allem als Hörspiel.

Olympiastadion

Bedrohlich baufälliges Denkmal aus der Zeit der Zeltlager-Architektur. Jährlich schrumpft das Fassungsvermögen – von 78 000 bereits auf 63 000 – und das bisschen Dach ist nicht mal wasserdicht, sodass auch die VIPs bei Regen nass zu werden drohen. Außerdem fehlen Banken, Einkaufszentren und Kindergärten. Da gilt für die Bayern: Nichts wie weg!

Önal, Erhan

Dem Namen und Pass nach: türkischer Staatsbürger. Der Sprache nach: Urbayer. Der in München geborene Türke spielte von 1976 bis 1978 im Mittelfeld des FC Bayern.

Online

Informationsbeschaffungsweg des dritten Jahrtausends; von Bayern-Fans mit Computer, Modem und Anschluss an America Online bereits im ausklingenden 20. Jahrhundert genutzt. Wer noch mehr über den FC Bayern wissen will als das, was in den fünf Münchner Tageszeitungen steht und in „täglich ran“ zu sehen ist, wählt „FC Bayern online“ an, um sich über die Schuhgröße von Olli Kahn zu informieren oder mit anderen Fans leidenschaftliche Fußball-Fachchats zu führen.

Opel

Hauptwerbepartner des FC Bayern, gewann durch sein Engagement ein wesentlich jüngeres Image: Der jahrzehntelang gedroschene Spruch „Jeder Popel fährt 'nen Opel“ wurde ad acta gelegt. Steht zu den Bayern in guten wie in schlechten Zeiten – zumindest solange die schlechten noch so gut sind, dass der FC Bayern vor dem VfL Wolfsburg (VW-Klub) platziert ist. Aber dann würde es wohl in ganz Bayern zu chaotischen Szenen kommen.

Osram

Namhafte deutsche Glühbirnen-Fabrik, für die Trainer Jupp Heynckes als Repräsentant tätig war. Wenn die Mannschaft sein Konzept nicht haargenau umsetzte, erreichte der Kopf des Coaches eine enorme Leuchtkraft, das Stadion-Flutlicht musste dann auch bei Dämmerung nicht eingeschaltet werden.

Olympiastadion

Otto

Otto

1. Hamburger Versandhaus, das Franz Beckenbauer gut fand, wie er durch Tragen einer Kappe demonstrierte.
2. Nachname Waalkes, den Franz Beckenbauer gut findet, weil sie zusammen golfen gehen.
3. Nachname Rehhagel, den Franz Beckenbauer seit Mai 1996 nicht mehr so gut findet. Man golft auch nicht miteinander.

PAL-System

1. Westliche Fernsehtechnik, Pendant zum osteuropäischen SECAM.
2. Noch weitaus kompliziertere Fußballtaktik, die außer ihrem Schöpfer Pal Csernai niemand verstand, mit der der FC Bayern aber trotzdem zweimal (1980, 1981) Deutscher Meister wurde.

Pay-TV

Fernsehtraum von Manager und Vordenker Uli Hoeneß. Wer ein Bayern-Spiel live auf der Mattscheibe haben will, muss Eintritt bezahlen. Fassungsvermögen des digitalen Stadions: unbegrenzt.

Peking

Meistgenannte ausländische Stadt in den Reden von Präsident Franz Beckenbauer: „Das interessiert mich so sehr, wie wenn ein Radl in Peking umfällt …“ Oder: „Das ist so interessant wie das, was die Peking-Rundschau schreibt.“

Piraten

Im Mittelalter: Zur See fahrende, schlecht rasierte Räuber (mit Augenklappe), die mit ihrem Schiff (Kennzeichen: Totenkopfflagge) fremde Schiffe kaperten, um deren Waren zu verkaufen. In der Neuzeit: Findige Geschäftemacher (glatt rasiert, meist ohne Augenklappen und nie mit Totenkopfemblemen), die Bayern-Trikots und andere beliebte Fanartikel ohne Lizenz fertigen und unters Volk bringen. Nicht alle Fälschungen sind auf den ersten Blick als solche zu erkennen – bei „19 Yancer“ oder „7 Schol“ sollte man allerdings schon stutzig werden (siehe auch Seite 73).

Präsident

Höchstes Amt im FC Bayern, der mit über 70 000 Mitgliedern schon den Status einer mittelgroßen Stadt hat. Da hat, wer Präsident wird, eine politische Bedeutung. Staatsform ist die Demokratie, jedoch ähneln die Abstimmungsergebnisse (99 %) denen aus DDR-Zeiten.

Prince of Wales

1. Britischer Thronfolger, Charles aus dem Hause Windsor.
2. Mark Hughes, walisischer Nationalspieler, der den Bayern in den ersten Wochen nach seiner Verpflichtung 1987 so wichtig war, dass sie ihn nach einem Länderspiel, das er für Wales bestreiten musste, mit einem Privatjet nach München fliegen ließen, um ihn am Abend wenigstens noch in der zweiten Halbzeit in der Bundesliga einsetzen zu können. Später blieb Mark Hughes öfter mal auf der Bank sitzen – auch ohne vorangegangenen Flug.

Professor

Akademischer Titel, der an Fußballtrainer noch nicht vergeben wird. Erster Anwärter auf einen Lehrstuhl für Taktik der Neuzeit wäre Dettmar Cramer, der vor dem Europacup-Finale 1975 gegen Leeds United sechs Kilogramm Papier mit möglichen Varianten voll schrieb. Cramer schaffte auch den Brückenschlag vom Fußball zur Mathematik. Er könne ausrechnen, wie hoch der Ball geschossen werden müsse, damit Schnee auf ihm läge, wenn er herunterkäme, sagte man über Prof. Dettmar. Auch der redegewandte Spieler Olaf Thon verdiente sich bei der Presse gelegentlich den Namenszusatz „Professor“, wenn er druckreif in die Blöcke dozierte.

Professor

VIERERKETTE · √DRALL
FREISTOSSHÄUFIGKEIT
GEGENWIND
ECKENVERHÄLTNIS
HALB ZEITPAUSE
WASSERTEMP. DER KABINEN-DUSCHE
SCHIRIKOEFFIZIENT
SCHUSS!
STRAFRAUM m²
„11 FREUNDE SOLLT IHR SEIN" !!!
STOLLENLÄNGE
MEISTERTITEL
TORWART · LÄNGE
ABSEITSFALLE · FLUGBAHN
PFOSTENSCHÜSSE
√KREUZBANDRISS!
√LIBERO-VERSCHLEISS
MÜSLI : TRAININGSLAGER
SPONSORENGELDER
– ZUSCHAUERZAHL
– BALLUMFANG
= DER BALL IST RUND!

Pay-TV

ran
Bundesliga-Sendung auf SAT.1, beginnt an Samstagen um 18.30 Uhr. Gestaltet wie ein Spielfilm: langsamer Spannungsaufbau, der Höhepunkt kommt erst nach einer Stunde – weswegen der routinierte Bayern-Fan weiß, dass er eigentlich erst um 19.30 Uhr einschalten müsste: Bayern-Time.

Rasenheizung
Teil des Rundumbetreuungskonzepts für die Spieler. Auch in den Wintermonaten soll ihnen während Training und Spiel die Nestwärme des FC Bayern vermittelt werden.

Rizzitelli, Ruggiero
Italienischer Stürmer, dessen Verpflichtung 1996 ein genialer Schachzug von Manager Uli Hoeneß war. Der Versace- und Armani-Botschafter brachte den FC Bayern in der Zielgruppe der 16- bis 39-jährigen weiblichen Bevölkerung mit einem Faible für Latin-Lover-Typen weit voran. Nebenbei schoss er auch noch ein paar wichtige Tore.

Rotationsprinzip
1. Personalwechsel zur Hälfte der Legislaturperiode – erstmals praktiziert von den Grünen während ihres Premierenaufenthalts im Bundestag.
2. Personalwechsel von Samstag zu Mittwoch zu Samstag zu Mittwoch im Fußball. Diese Form der Schichtarbeit im Sport geht zurück auf ein Job-Sharing-Modell Ottmar Hitzfelds von 1998/99. Die Abteilungsleiter Tor (Kahn), Mittelfeld (Effenberg) und linke Außenbahn (Lizarazu) blieben davon weitgehend unberührt, doch mittelfristig will der FC Bayern auf kompletten Zwei-Schichten-Betrieb umstellen und somit Arbeitsplätze schaffen.

Rote
Der Mensch neigt dazu, schwarzweiß zu denken, der Münchner unterscheidet zwischen Rot und Blau. Die Roten sind die Bayern, die Blauen die Sechziger. Auch wenn politisch die Roten eher schwarz und die Blauen eigentlich rot sind.

Rubenbauer, Gerd

Rubenbauer, Gerd

Hörfunk- und Fernsehlegende, die bei Bayern-Übertragungen schon mal den Dezibelpegel eines startenden Flugzeugs erreicht.

Rubens

1. Niederländischer Maler mit Vorliebe für füllige Formen.
2. Tarnname auf der Klingel zur Münchner Wohnung von Otto Rehhagel, Trainer mit Vorliebe für alte Künstler und ebensolche Regierungsformen.

Säbener Straße

Beliebtes Ausflugsziel im Münchner Süden, erreicht ähnlich hohe Besucherzahlen wie das Hofbräuhaus, Schloss Neuschwanstein und die Zugspitze, hat Altötting als wichtigste bayerische Pilgerstätte längst abgelöst. Vor allem Familien stürmen das weitläufige Areal, um die täglichen kultischen Handlungen junger wohlgeformter Männer in Trainingshosen zu verfolgen.

Ein anschließender Besuch im Souvenirshop rundet den wunderbaren Tag im Erlebnispark „Säbener Straße“ so richtig ab.

Salatschüssel

1. Das große Ziel, auf das auch das Streben eines Klubs mit dreistelligem Millionenumsatz gerichtet ist. Die despektierlich „Salatschüssel“ genannte Wandertrophäe des DFB bekommt jeweils der Deutsche Meister.

Seit Einführung der Bundesliga hielten die Bayern die Schüssel 1969, 72, 73, 74, 80, 81, 85, 86, 87, 89, 90, 94 , 97 und 99 in Händen.

2. Küchengegenstand im Hause Müller in Nördlingen, aus dem der spätere Bomber Gerd in jungen Jahren sein Leibgericht verzehrte, das ihm so stramme Oberschenkel bescherte: „Kartoffelsalat von meiner Mutter.“

Samba

1. Feuriger lateinamerikanischer Tanz.
2. Poetische Umschreibung der Fachpresse für Hüftschwung-Körpertäuschungen durch Giovane Elber vor dem Torabschluss.

Sanchez, Hugo

Mexikanischer Stürmer-Star von Real Madrid, der Tore mit einem Salto zu feiern pflegte. Im April 1987 drehte er sich schwungvoll um die eigene Achse, jedoch ohne dass er einen Treffer festlich zu begehen gehabt hätte. Im Europacup-Halbfinalrückspiel im Bernabeu-Stadion hatte Bayern-Libero Klaus Augenthaler die Nase voll von dem wuschelköpfigen Exzentriker und wischte ihm eine. Was zunächst als unbedachte Reaktion erschien, war in Wirklichkeit eine geplante Aktion: „Auge“ sah rot, musste vom Platz, eröffnete dadurch Torhüter Jean-Marie Pfaff jedoch die Gelegenheit zu einigen Jahrhundertparaden. Und der Nation wurde zu einem spannenden Fernsehabend verholfen: Die Bayern, mit einem 2:0-Polster nach Madrid gereist, verloren 0:1 – es war (wie) ein Sieg.

Sanyo

Japanischer Elektronikhersteller, dessen Umsatz mit Batterien stark angestiegen ist, seit der ausgewechselte Jürgen Klinsmann die Zuschauer im Stadion und an den Bildschirmen mit rechtem Vollspann auf die Werbeattrappe des besagten Bayern-Sponsors hinwies.

Schäfer, Winfried

Ehemaliger Mönchengladbacher Mittelfeldspieler, der von den Bayern 1986 als Leiter der Außenstelle und Schulungsstätte Karlsruhe angestellt wurde. Ziehvater von Sternkopf, Kreuzer, Kahn, Scholl, Fink und Tarnat. Sucht seit 1998 nach neuen Stützpunkten in Stuttgart und Berlin.

Schleifer

Spezialtrainer, der nicht für die gute Laune, sondern die gute Kondition der Spieler ist.

ÖH, WIR FANGEN DOCH GRAD ERST AN!
ERBARMEN!!
GNADE!!
BARMHERZIGKEIT!
OPEL
adidas
OPEL
FC BAYERN
OPEL
T. Plaßmann

Kenntnis militärischer Umgangsformen ist nicht von Nachteil. Als Idealbesetzung für diesen Posten hat sich Egon Coordes erwiesen, der nach langjährigem Wirken allen Bayern das Survival-Diplom erteilen und sich neuen Aufgaben widmen konnte.

Schmäh

Grobschlächtige Äußerung, die jedoch als charmante Form von Humor empfunden wird, falls sie ein Wiener tut.
Max Merkel ist Wiener, und Bayern-Trainer zu werden das einzige Ziel, das er in seiner Karriere nicht erreicht hat. Seitdem nimmt er die Bayern als Bild-Kolumnist gehörig aufs Korn. Taufte den jungen Karl-Heinz Rummenigge gleich mal in „Rummelfliege“ um.

Schmidt, Harald

1. Scharfzüngiger SAT.1-Talker, der im Late-Night-Quotenkampf ohne Polen- und Bayern-Witze nicht überleben könnte. Lästert am liebsten über „Loddamaddäus“ und lässt das „Olli-Kahn-Ballett“ tanzen. Die Bayern-Spieler gucken gerne zu, als Gäste hingehen tun sie nicht – Ehrensache!
2. „Muss noch lange leben, um so groß zu werden wie Giovanni Trapattoni.“ (Uli Hoeneß)

Scholl, Mehmet

Singt nicht, tanzt nicht, spielt nicht in „Gute Zeiten, schlechte Zeiten“ mit, moderiert nicht bei „Viva“, ist die meiste Zeit vergeben und schon lange über 20 – und dennoch ein absolutes Teenageridol.

Schooopapapapapaaa

Bayerische Aussprache von Jean-Pierre Papin gemäß den Komödianten von „RTL Samstag Nacht“.

Schwan, Robert

Pfeifenraucher mit wallendem weißen Haar, der den Beruf des Bundesliga-Managers schuf

Piraten

und den Fußball die Prozedur der wundersamen Geldvermehrung lehrte. Erfand die perfekte Werbe- und Medienfigur Franz Beckenbauer.

Silenzio stampa

In Italien nicht ungewöhnliche Totalverweigerung von Gesprächen mit Pressevertretern bei Missfallen der Berichterstattung, in Bayern gelegentlich (bei tiefer und lang anhaltender Krise) in abgewandelter sanfter Form praktiziert: Zur täglichen Pressekonferenz kommt der Trainer dann mit nur einem Spieler.

Sir

Titel, mit dem das englische Königshaus Bürgerliche in den Adelsstand erheben kann – wie mit dem Fußballer Stanley Matthews geschehen. Wer allerdings Erich Ribbeck, der am 11. März 1992 Bayern-Trainer wurde, zum „Sir“ ernannt hat, darüber gibt es in den Archiven des Buckingham Palace keine Unterlagen. Bekannt ist lediglich, dass „Sir“ Ribbeck sich am 27. Dezember 1993 eine Amtsenthebung als Landherr des Münchner Olympiastadions durch Franz I., Kaiser von Deutschland, gefallen lassen musste. Späte Rehabilitation durch Verleihung des vormals nur an Franz Beckenbauer vergebenen Titels „Teamchef“ (September 1998).

Spielerfrau

Weibliches Wesen, das für gewöhnlich selbst nicht Fußball spielt, wohl aber die Formkurve des kickenden Personals bestimmt und überhaupt auch festlegt, für welchen Klub der Gatte sich ins Zeug legt. Weswegen der FC Bayern bei Vertragsverhandlungen immer Blumen sprechen lässt. Vor allem der Blumenladen am Karlsruher Hauptbahnhof war für diese Einstellung immer sehr dankbar.

Spielerrat

Dreiergremium, bestehend aus fahrenden Kräften der Mannschaft, vergleichbar dem Bundeskanzleramt oder dem „House of Lords“.

Silenzio stampa

Stoiber, Edmund

Spui

Bayerisch für „Spiel“. Dazugehöriges Verb: „spuin“. Kompletter Satz: „I spui mei Spui.“ – Motto von Ludwig „Wiggerl“ Kögl, dem Dribbelkönig der 80er Jahre.

Star

Bezeichnung für herausragende sportliche Persönlichkeiten. In der Boulevard-Berichterstattung über den FC Bayern wird das gängige Vokabularium jedoch außer Kraft gesetzt. „Star“ ist nämlich jeder, der zum Kader gehört (z.B. Wiblishauser, Wessels); „Superstar“, wer gelegentlich und öfter spielt (z.B. Tarnat, Fink); Stammspieler sind „Megastars“. Noch nicht verwendet wurde der „Gigastar“ – es muss ja noch Steigerungen geben, wenn die künftige Aktiengesellschaft FC Bayern München irgendwann Brasiliens Wunderknaben Ronaldo holt.

Stoiber, Edmund

Bayerischer Ministerpräsident und Mitglied im Verwaltungsrat des FC Bayern. Pflegt auch in Fußballangelegenheiten die Opposition zum Parteifreund Theo Waigel, der dem TSV 1860 anhängt.

Stretching

Gemächliches, die Ausdauer nicht belastendes Dehnen der Muskulatur im Stand. Beliebtes Trainingselement bei den Bayern, weil das auch die Grandseigneurs unter den Trainern (Ribbeck, Beckenbauer, Trapattoni, Hitzfeld) problemlos mitmachen konnten und können.

Struuuuunz

Das Schimpfwort des ausklingenden Jahrtausends. Universal verwendbar bei jeder Art eines Vergehens.

Besonders beliebt zur Brandmarkung von Angestellten, die durch häufige Absenz auffallen. Gerne verwendet mit der Infinitivkonstruktion „Was erlauben“.

Tagebuch, geheimes

Südkurve

Stehplatz-Bereich des Olympiastadions, in den schwerer einzudringen ist als in die VIP-Loge der Haupttribüne. Zutrittsvoraussetzungen sind: ein FC Bayern-Trikot der letzten 15 Jahre mit den Aufschriften „Iveco Magirus-Deutz", „Commodore" oder „Opel", wahlweise Fahne oder Schal in Rotweiß sowie der Nachweis gesanglichen Vermögens und Kenntnis der wichtigsten Werke von Andrew White („FC Bayern, forever number one").

Suppe

Die klare Brühe von „Unox" war das erste Produkt, für das in den 60er Jahren der aufstrebende Bayern-Spieler Franz Beckenbauer warb. Die 20 Jahre später ihm als Teamchef der deutschen Nationalmannschaft vom Torhüter Uli Stein verpasste Bezeichnung „Suppenkasper" hing mit dem „Unox"-Vertrag aber nicht mehr direkt zusammen. Diese Suppe musste Stein auslöffeln.

Supercup

Europäischer Titel, den der FC Bayern München nie gewann, aber auch überhaupt nicht gewinnen muss. Er weiß es auch so und braucht es nicht noch schriftlich auf dem Briefkopf. Er ist super.

Super-Mario

1. Virtueller Klempner im Nintendo-Videospiel,
2. kanadischer Eishockey-Star Mario Lemieux,
3. Mario Basler, wenn er sich zwischen zwei Zigaretten ein gutes Fußballspiel gönnte.

Tagebuch, geheimes

Literarisches Debüt von Lothar Matthäus. Bestseller, ohne dass das Buch im „Literarischen Quartett" verrissen worden wäre. Die großen Verlage liegen auf der Lauer: Führt Lothar auch noch ein Poesiealbum?

Talent

Bezeichnung für einen begabten Spieler. Ist dieser unter 20, ist es als Lob zu verstehen, nähert sich der Spieler aber zielstrebig der Vollendung des Vierteljahrhunderts, wird das Etikett „Talent" mit dem Zusatz „ewiges" versehen. Als Idealtyp des ewigen Talentes galt Stürmer Reinhold Mathy, von 1980 bis 1987 ein Bayer.

Tanker

Mächtiges, zumeist Öl transportierendes Schiff mit enormer Verdrängung. Begriff wird im übertragenen Sinne auch auf einen robust gebauten Stürmer mit ebensolcher Verdrängungskraft angewandt: Tanker Carsten Jancker. Lässt sich auch vom raschesten Seegang im gegnerischen Strafraum nicht vom Kurs abbringen.

Telekom

Deutsches Telekommunikationsunternehmen, dessen Mitarbeiter sich freudig abklatschen, wenn an einem Freitagmittag bei der Europacup-Auslosung in Genf dem FC Bayern ein attraktiver Gegner aus Spanien oder Italien zugelost wird. Denn in der kommenden Stunde ist guter Umsatz garantiert, das Netz in und nach München bestens ausgelastet, wenn 200 000 Menschen sofort Tickets bestellen wollen.

Trapattoni, Giovanni

1. Erfolgreicher Fußballtrainer, von dem man sagt, er habe seine Frau Paola auf ganz besonders originelle Weise gewonnen: „Darf ich dir mal meine Titelsammlung zeigen?"
2. Ständiger Kandidat des italienischen Fußballverbandes bei der jährlichen Umbesetzung des Nationaltrainerpostens.
3. Bestgekleideter Fußballtrainer.
4. Beweglichster Fußballtrainer, macht jede Gymnastikübung selbst vor.
5. Kultfigur aller Deutsch Lernenden – auch für einen Maestro ist deutsche Sprache schwere Sprache. Müsse lerne viele Wort zum Kommen auf Straße von Sieg …
6. Figur mit der höchsten Medienpräsenz (Fernsehminuten) im Zeitraum 1. bis 31. März 1998.

Trapattoni, Giovanni

DEM MAESTRO REICHT'S!

Trap(p)-Familie

1. Deutsche Fernsehserie der 60er Jahre.
2. Daily soap aus dem real life der 90er: Vater Giovanni Trapattoni, seine 20 Söhne und ihre täglichen Erlebnisse auf allen Fernsehkanälen, in allen Zeitungen. Lief im Sommer '98 nach der zweiten Staffel leider aus.

Trenchcoat

1. Kleidungsstück, in dem TV-Detektiv Columbo knifflige Kriminalfälle löst.
2. Kleidungsstück, in dem Ottmar Hitzfeld noch kniffligere Fußballfälle löst, wie etwa die Aufgabe, die Champions League zu gewinnen.

Trikot

Vormals den aktiven Spielern in den Stadien vorbehaltenes Oberbekleidungsstück, hat es in den letzten Jahren das Straßenbild Münchens und weiterer vom Bekenntnis zum FC Bayern geprägter Landstriche erobert, wobei sich das Modell „18 Klinsmann“ als der Renner erwies.

Und so wie die Welt der Haute Couture auf die nächste Lagerfeld-Präsentation in Paris wartet, harrt der Bayern-Fan der jeweils neuesten Kollektion aus der Herzogenauracher Designer-Stube „adidas“ entgegen. Übrigens gibt es Trikots für jeden Anlass: „home“ und „away“.

Triple

Fachbegriff für eine Kombination von drei Titelgewinnen in einer Saison. Variationen sind möglich vom kleinen Triple (Hallen-Masters, Ligapokal, UI-Cup) für den Einsteiger bis zum Super-Triple (Deutsche Meisterschaft, DFB-Pokal, Europacup der Champions League) für den Könner.

Danach sind noch Erweiterungen zum Quadriple (plus Europäischer Supercup) oder Quintiple (plus Weltpokal) denkbar. Dafür wird auf dem Briefbogen des FC Bayern immer noch ein bisschen Platz gelassen.

Spielerfrau

Trucks

JA GRÜSS GOTT !!
WIR LASSEN KEINEN
HÄNGEN !!
FC BAYERN MÜNCHEN
FC BAYERN MÜNCHEN

Trucks

Mehrachsige Lastzüge, eingesetzt zum Transport von Gütern, gesteuert von den „Königen der Landstraße“. Zwei Trucks, 13 Meter lang und randvoll mit Fanartikeln, fahren ständig durch die Republik, um die Grundversorgung der Bayern-Gläubigen mit Devotionalien auch in entlegenen Gebieten und in den Einflussbereichen Borussia Dortmunds zu gewährleisten.

Tschik

Nachname Cajkovski, aber aller Welt als Tschik bekanntes Traineroriginal, das die Bayern 1965 in die Bundesliga führte und zu einer Spitzenmannschaft aufbaute. Entdecker von „kleines, dickes Müller“.

Turban

1. Orientalische Kopfbedeckung, die als Sonne- und Wärmeschutz eingesetzt wird.
2. Bayerische Kopfbedeckung, die eingesetzt wird, wenn der Torjäger sich eine Platzwunde zugezogen hat, aber nicht ausgewechselt werden kann, da der FC im Pokalfinale gegen Nürnberg im Rückstand liegt.

Unvergessen: Mit blutbeflecktem Kopfverband köpfte Dieter Hoeneß seine Bayern 1982 zum 4:2 gegen Nürnberg.

Tütenaffäre

Missverständnis mit politischer Reichweite, zurückzuführen auf die Liberalisierung des Ladenschlussgesetzes. Zum Mittwochabend-Spiel der Champions League im September 1997 gegen Besiktas Istanbul kamen viele Bayern-Fans vom Einkauf. Und weil sie preisbewusste Menschen sind, hatten sie ihre Besorgungen bei „Aldi“ erledigt. Deshalb die vielen Tüten in der Südkurve.

Und die Gesänge „Ihr könnt zum Aldi fahren“ waren als Empfehlung an die anderen Besucher im Stadion zu verstehen. Einfach ein Einkaufstipp unter Freunden, keine Schmähung des Gästeteams und seiner Anhängerschaft.

Ude, Christian
Münchner Oberbürgermeister – parteipolitisch ein Roter, fußballpolitisch ein Blauer.

UEFA-Cup
Ersatzdroge, die die Bayern und ihren Anhang 1996 in einen Champions-League-ähnlichen Rauschzustand versetzte.

Vestenbergsgreuth
Fränkisches 300-Seelen-Dorf, in dem unter anderem Tee der europaweit vertriebenen Marke „Milford“ hergestellt wird. War da sonst noch was, 1. DFB-Pokal-Hauptrunde, August 1994? Nein, was soll denn gewesen sein?

Viererkette
Fortschrittliches Abwehrsystem, das bevorzugt in südeuropäischen Ländern praktiziert wird. In konservativen Ländern mit überwiegend katholischer Bevölkerung (z.B. Freistaat Bayern) ist die Anwendung teilweise unter Strafe gestellt.

Vision
Im Wachzustand geträumter Traum von zukünftigen paradiesischen Zuständen. Liebstes Hobby von Manager Uli Hoeneß auch aus Zeitgründen, denn zum Schlafen kommt er ohnehin kaum.

Vollpension
Von der Delegation des FC Bayern bei Europacup-Gastspielen hinter dem „Eisernen Vorhang“ abgelehnte Verpflegung durch den Gastgeber. 1973 nach Dresden reisten die Münchner gar mit eigener mobiler Küche, Koch und Lebensmitteln. Broiler mit Sättigungsbeilage ließen sich die Bayern dadurch entgehen, wurden am Spieltag dafür aber nicht von rätselhaften urplötzlichen Darmbeschwerden heimgesucht, von denen andere Ost-Reisende berichtet hatten.

Vestenbergsgreuth

Weißbier

Waldberg

Erstrunden-Gegner der Bayern im Jahre 1997, dem auch nicht half, dass der Pokal seine eigenen Gesetze hat. 16:1 besiegten Basler & Co. den Bezirksligisten und die Bayern haben nun keine Pokalangst mehr vor dem Nürnberger Frankenstadion (siehe Vestenbergsgreuth).

Weihnachten

Besonders feierliche Jahreszeit, deren Beginn dadurch angezeigt wird, dass man von Franz Beckenbauer ein e-plus-Handy geschenkt bekommt. Man fragt sich „Ja, ist denn schon Weihnachten?“ und fühlt sich besonders „free and easy“, denn „die Grundgebühr ist auch schon drin“.

Weißbier

Mit Hefe und Weizenextrakten versetztes und nach strengem Reinheitsgebot gebrautes gäriges Getränk, das traditionell in Halbliter-Einheiten ausgeschenkt wird.
Darüber hinaus neben der Lederhose beliebtes Accessoire bei der Fotopräsentation von Neuzugängen.

Wiesn

Bundes- und weltweit auch als „Oktoberfest“ bekannte fünfte bayerische Jahreszeit von 16 Tagen Dauer, während der der FC Bayern für sich die Terminierung von zwei Heimspielen und den Status der Unschlagbarkeit in Anspruch nimmt.

Wildmoser, Karl-Heinz

Münchner Großgastronom und langjähriges Mitglied des FC Bayern, das als Undercover-Agent ins Präsidentenamt beim TSV 1860 eingeschleust wurde, um den irgendwann zwangsläufig erfolgenden Aufstieg des Konkurrenten zu kontrollieren und bei Bedarf zu bremsen.
Ein weiterer verdeckter Ermittler war der Mittelfeldspieler Manfred Schwabl.

Wipf
Bayerischer Ableger eines sich durch besondere Treue und Pflegeleichtigkeit auszeichnenden Indianerstamms, dessen Mitglieder niemals Häuptlingsambitionen hegten. In München wurde vor allem der aufrechte Krieger Bernd „Wipf" Dürnberger geschätzt, der, obwohl Nicht-Nationalspieler, unverzichtbarer Bestandteil der großen 70er-Jahre-Mannschaft des FC Bayern war.

Wohlfahrtsorganisation
Karitative Einrichtungen wie Caritas, Misereor, terre des hommes, SOS Kinderdorf.

Wohlfarthsorganisation
FC Bayern in den Jahren 1984 bis 1993. Roland Wohlfarth war der Stürmer, der alle Einkäufe im Offensivbereich übertraf und überlebte und seinem Klub mit 119 Toren reichlich Wohlgefühl bescherte.

Zico
1. Sagenumwobener „weißer Pelé", Star Brasiliens in den späten 70er und frühen 80er Jahren.
2. Spitzname von Alexander Zickler, sagenumwobener „schneller Pelé" der 90er beim FC Bayern.

Zürs
Mondäner österreichischer Wintersportort in den Lechtaler Alpen, der im Dezember 1996 dank einer gemeinsamen Urlaubswoche der Bayern-Spieler das Fußball-Winterloch zu füllen vermochte, als Mehmet Scholl bewies, dass ein harter Tag auf den schwarzen Pisten einem gestandenen Fußballprofi noch lange nicht die Kraft für einen zünftigen Après-Abend mit dem beliebten bayerischen Watschnbaum-Spiel rauben muss.

ALLE JAHRE WIEDER

Säbener Straße